新编中华文化基础教材

第五册

◎ 主 编　黄玉峰

◎ 副主编　朱　煜　丁慈矿

◎ 编委会（按姓氏音序排列）

丁慈矿

黄玉峰

蒋人杰

王琳妮

王振宁

赵志伟

朱　煜

中华书局

图书在版编目(CIP)数据

新编中华文化基础教材.第五册/黄玉峰主编;朱煜,丁慈矿副主编. —北京:中华书局,2017.8
ISBN 978-7-101-11760-8

Ⅰ.新… Ⅱ.①黄…②朱…③丁… Ⅲ.中华文化-小学-教材 Ⅳ.G624.201

中国版本图书馆 CIP 数据核字(2016)第 087094 号

书　　名	新编中华文化基础教材　第五册
主　　编	黄玉峰
副 主 编	朱　煜　丁慈矿
责任编辑	祝安顺　熊瑞敏
装帧设计	王铭基　王　娟
插图绘制	刘耀杰
出版发行	中华书局
	(北京市丰台区太平桥西里38号　100073)
	http://www.zhbc.com.cn
	E-mail:zhbc@ zhbc.com.cn
印　　刷	北京瑞古冠中印刷厂
版　　次	2017 年 8 月北京第 1 版
	2017 年 8 月北京第 1 次印刷
规　　格	开本/880×1230 毫米　1/16
	印张 4¼　字数 40 千字
印　　数	1-5000 册
国际书号	ISBN 978-7-101-11760-8
定　　价	13.80 元

编写说明

　　一、《新编中华文化基础教材》是响应中共中央办公厅、国务院办公厅《关于实施中华优秀传统文化传承发展工程的意见》及教育部《完善中华优秀传统文化教育指导纲要》指导精神组织编写的中华优秀传统文化教材，一至九年级十八册，高中学段六册，共二十四册。

　　二、本教材以"立德树人"为教学宗旨，以分学段有序推进中华优秀传统文化教育为目标，注重培育和提高学生对中华优秀传统文化的亲切感和感受力，增强学生对中华优秀传统文化的理解力和理性认识，坚定文化自信。

　　三、本册教材供三年级上学期使用，包含十课，每课分为四个模块，分别为"识文断字""开蒙启智""诵诗冶性""博闻广识"。

　　1. "识文断字"模块为汉字教学。每课选取三到五个汉字，列出该字的古今字形，多数配备生动形象的图片，解析汉字的造字原理和规律，说明字义的古今演变，让学生对汉字的造字规律及其背后的文化内涵有初步的印象和了解。

　　2. "开蒙启智"模块为蒙学经典教学。每课选录古代蒙学经典的文段，辅以亲切简要的提示。内容选择上注重贯彻人格教育，引导学生了解、体会中华优秀传统文化的价值取向与思维模式，进而塑造良好的性格品质与行为方式。

　　3. "诵诗冶性"模块为诗词教学。每课选录适合小学生诵读的经典诗词若干首。古典诗词是中华优秀传统文化的精髓，对于陶冶学生的思想情操，丰富学生的情感体验，提高学生的审美能力等都有重要意义。

4."博闻广识"模块为文化常识教学。每课介绍一个与传统人伦关系相关的经典故事，诠释传统的为人处世之道。

本教材之编辑力求严谨，编写过程中广泛征求各界意见，期能以较完备之面貌呈现；然疏漏之处在所难免，敬祈学界先进不吝指正。

编者

2017 年 2 月

第 一 课

　　草字头（艸）像草的样子。草字头的字，意义大多都和草木植物有关。做形旁写成"艹"。

　　🔊 花朵是世界上最美丽的事物之一，有各种颜色和形状，大都能散发出迷人的香味。花朵凋谢以后，果实就长出来了。"花"的形旁是"艹"，声旁是"化"。

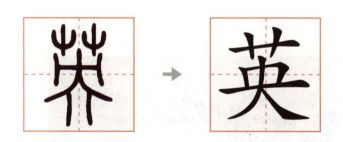

　　🔊 "英"是"花"的别称，古人把从枝头飘落的花朵叫作"落英"。美丽的花朵容易让人联想到美好的、才华卓越的人，所以做出杰出成就的人就是"英雄"。"英"的形旁是"艹"，声旁是"央"。

1

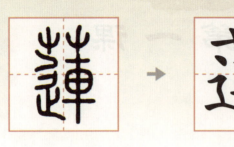

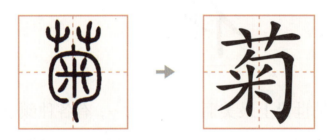

📢莲花是中国十大名花之一。它的花有红色、粉红色、白色等等。它的根茎就是我们平时吃的莲藕。古人给莲花起了很多别致的雅称：荷花、芙蕖（qú）、水芸等等。宋代思想家周敦颐赞美莲花"出淤泥而不染"。"莲"的形旁是"艹"，声旁是"连"。

📢我们中国人种菊花、赏菊花已经有三千年的历史。古人常借菊花来表达自己对高尚人格的追求。东晋著名诗人陶渊明将菊花植于庭院，写下了"采菊东篱下，悠然见南山"的千古名句。"菊"的形旁是"艹"，声旁是"匊"（jū）。

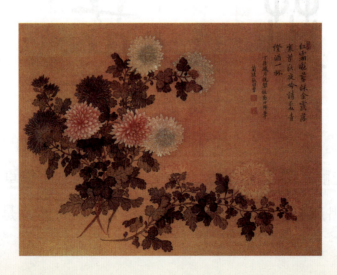

开蒙启智

上了学，就应该知道师生如何称呼。

一

师号西宾，尊师席曰函丈；
学名家塾，馈学俸曰束修。

——《幼学琼林》

学与习

聘请来教书的先生敬称为西宾，师席尊称为函丈；在家设学堂叫做家塾，送给老师的学费称做束修。西宾，旧时宾位在西，常用为对家塾教师的敬称。函丈，原指讲学者与听讲者的坐席之间相距一丈，后用以指讲学的坐席。

二

未获及门，曰宫墙外望；
已承秘授，曰衣钵真传。

——《幼学琼林》

学与习

未能进入先生之门正式拜师，称作"宫墙外望"；得到先生学问真传秘诀，称作"衣钵真传"。

一说送别诗，就让人想到落泪、凄凉，不过李白的这两首送别诗却有些不同。

渡荆门送别

〔唐〕李白

渡远荆门外，来从楚国游。

山随平野尽，江入大荒流。

月下飞天镜，云生结海楼。

仍怜故乡水，万里送行舟。

送 友 人

〔唐〕李白

青山横北郭，白水绕东城。

此地一为别，孤蓬万里征。

浮云游子意，落日故人情。

挥手自兹去，萧萧班马鸣。

学与习

　　李白辞别故乡，出门远游，来到平原旷野，视野顿时开阔，在思念家乡的同时，更有豪迈的情怀。同样，在第二首里也有类似豁达乐观的情绪，你能读出来吗？

五伦九族

中国古代有"五伦"和"五常"的说法。"伦"是指人与人之间的道德关系，"常"就是"常行不变"的原则。"五伦"是古代的五种人伦关系，即所谓君臣、父子、兄弟、夫妇、朋友五种基本的人伦关系。"五常"指仁、义、礼、智、信这五种用来调整、规范人伦关系的行为准则。

"九族"就是指九代人，上至高祖，下至玄孙。依次是：高祖→曾祖→祖父→父→己身→子→孙→曾孙→玄孙。

不过还有一种说法："九族"指的是父族四，母族三，妻族二。父族：祖父、父、己身、子。母族：外祖父母、舅、姨表。妻族：岳父母、内兄妹。

总之，"九族"说的是各种亲情关系。

第 二 课

再学几个草字头的字。

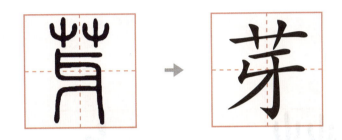

  每到春天，无论是树上还是草丛中，我们都能看到细细尖尖、小小嫩嫩、又黄又绿的嫩芽。它们是植物新长出来的叶子、花和枝。看到嫩芽就会联想到生命的生生不息。"芽"的形旁是"艹"，声旁是"牙"。

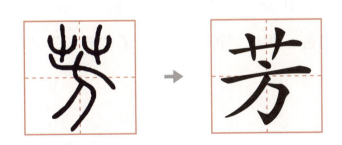

  花草等植物最迷人的地方就是颜色和香味。"芳"是指植物的香气。古人常用植物迷人的香气来比喻一个人美好的品德，于是就有了成语"流芳百世"。"芳"的形旁是"艹"，声旁是"方"。

7

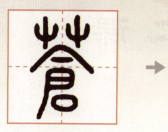 

 古人称天空为"苍天"，称大山为"苍山"，这里的"苍"意思是青色或深绿色。"苍"（蒼）的形旁是"艹"，声旁是"仓"（倉）。

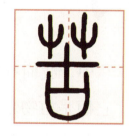 

 "苦"的形旁是"艹"，声旁是"古"。最早是指一种叫"苦菜"的植物，苦菜的营养价值虽然高，但味道苦。后来"苦"这个字被用来表示所有苦的味道，同时人们从味道的苦联想到生活的苦，所以"苦"字就有了"痛苦""辛苦""刻苦"的意思。

向前人学习当然是重要的，但也要结合自己的具体情况，不能一味模仿。

一

虞帝慕圣，见于羹，见于墙。

——《幼学琼林》

学与习

唐尧、虞舜都是上古的明君，虞舜仰慕唐尧，尧去世三年后，饮食起居仍然处处想到他。

二

颜子从师，趋亦趋，步亦步。

——《幼学琼林》

学与习

颜渊效法孔子，亦步亦趋，事事仿效。

为了躲避战乱，杜甫来到成都，过上了一段安定的日子。他自己耕作，自然对春雨有着独特的体会。

春夜喜雨

〔唐〕杜甫

好雨知时节，当春乃发生。

随风潜入夜，润物细无声。

野径云俱黑，江船火独明。

晓看红湿处，花重锦官城。

春　望

〔唐〕杜甫

国破山河在，城春草木深。

感时花溅泪，恨别鸟惊心。

烽火连三月，家书抵万金。

白头搔更短，浑欲不胜簪。

学与习

《春望》写的是在战乱中，盼望得到家人书信的情景。这种焦急的等待，让人的头发都要掉光了。

舐犊情深

三国时，曹操的谋士杨修十分聪明，但过于张扬，让多疑的曹操十分不快。

一次，曹操出师不利，正犹豫要不要撤军。有人来问夜间口令，曹操随口说："鸡肋！"杨修听到后，便说："鸡肋这东西，食之无味，弃之可惜。丞相刚才说鸡肋，一定是在纠结，准备回去算了。"曹操恼恨杨修点破了他心思，以扰乱军心为由将他处斩。但他心中明白，杨修并没有真正的罪过，所以并没有降罪于他的家人。

一天，曹操看到杨修的父亲杨彪，神色非常憔悴，吓了一跳，问："您怎么瘦得这么厉害呢？"杨彪说："田里的老牛总是和小牛腻在一块，用自己的舌头舔着小牛，看到这样的场景，总是会让我想起我的儿子！"说着流下泪来。这番话让人们非常感动，留下了舐犊情深的成语。

这种父亲对孩子的爱，超越了对权势和祸患的恐惧，给了这位父亲敢于表达的勇气。

第 三 课

　　水是生命之源，也是人类文明之源，四大文明古国都诞生于大河流域。今天我们开始学习"水"字旁的字，水字旁（氵）的字意义大多和水有关。

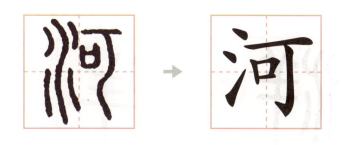

　　中国是世界上河流最多的国家之一，有许多大江大河，其中流域面积超过 1000 平方千米的河流就有 1500 多条。最重要的河流有黄河、长江、珠江等。"河"是形声字，形旁是"氵"，声旁是"可"。

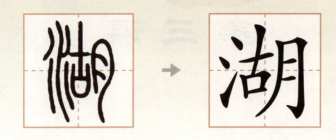

📢 湖泊的分布很广泛，无论是高山顶，还是深谷底，亦或者广袤（mào）的平原各处，只要地面上有洼地都可能形成湖泊。我国著名的湖泊有鄱（pó）阳湖、洞庭湖、太湖等。"湖"是形声字，它的形旁是"氵"，声旁是"胡"。

📢 你知道吗？地球上 97% 的水都在海洋里，所以海洋是地球上水资源最丰富的地方。通常我们把靠近陆地的区域称为"海"，将远离陆地的地方称为"洋"。全球共有四大洋，中国位于太平洋的西岸。"洋"的形旁是"氵"，声旁是"羊"。

📢 "沪"最早是一条河的名字，现在是上海的简称，上海的地方戏叫"沪剧"。

说话写信用词讲究是很好的修养。

一

座上有南客，切须谨言；
往来无白丁，乃为取友。

——《幼学琼林》

学与习

江南人听了《鹧鸪（zhè gū）曲》会思乡欲归，所以席间如有江南客，说话唱曲要谨慎。"白丁"指不学无术的人，往来无白丁，就是说所结交的朋友都是有学识的人。

二

借事宽役曰告假，
用财嘱托曰夤缘。

——《幼学琼林》

学与习

因事请免工作叫做告假。送钱给权贵求他引荐称为夤（yín）缘。

诵诗冶性

王维是诗人，也是画家，所以读他的写景诗，要边读边想象画面。

汉江临眺

〔唐〕王维

楚塞三湘接，荆门九派通。

江流天地外，山色有无中。

郡邑浮前浦，波澜动远空。

襄阳好风日，留醉与山翁。

终南山

〔唐〕王维

太乙近天都，连山到海隅。

白云回望合，青霭入看无。

分野中峰变，阴晴众壑殊。

欲投人处宿，隔水问樵夫。

学与习

  远望江水，好像流到天地外，近看山色缥缈，若有若无。多么雄浑壮阔的汉江！

  在深山前行，缭绕的云雾分向两边。回头望去，白云又已在身后合成了茫茫一片。朝着蒙蒙的青霭走去，一到面前却杳然不见。多么壮美神秘的终南山！

彩衣娱亲

春秋时，楚国有位隐士老莱子，非常孝顺父母。在他的精心照顾下，父母长寿，到一百多岁还健在。这时老莱子也已年过七十。有时候父母不免忧虑："连儿子都这么老了，我们在世的日子也不长了。"

老莱子为了让父母高兴，专门做了一套五彩斑斓的衣服，显得自己还很年轻。一次，他在取水时，不小心跌了一跤。老莱子害怕父母伤心，故意装作小孩啼哭的样子，在地上打滚。逗得父母大笑，还真的以为老莱子没长大，说道："这孩子真好玩啊！"不觉地忘了自己的年纪。

"彩衣娱亲"是子女的孝心。古人孝顺父母不仅仅是照顾他们的衣食起居，更注重精神赡养，要让父母舒心愉悦，家庭气氛欢乐和睦。

第 四 课

再学几个水字旁的字。

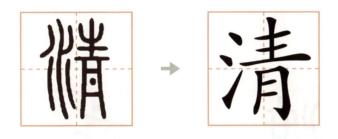

"清澈"的"清"形旁是"氵"，声旁是"青"。"清"的本义就是干净透明的水。

"涨（ zhǎng ）潮"的"涨"表示水位上升，它的形旁是"氵"，声旁是"张"。这个字也用来表示一个人因为生气或者害羞而脸部充血的样子，例如"涨（ zhàng ）红了脸"。

沐 → 沐

📢 "沐"字的形旁是"氵"，声旁是"木"，"沐"是洗头的意思。今天我们洗头都是用洗发液，而古人则是用皂荚树的果实——皂角来洗头。

渡 → 渡

📢 "渡河"的"渡"是形声字，形旁是"氵"，声旁是"度"，"度"的意思是度过、越过，合起来"渡"就是过河的意思。

古代关于衣服的名称也很多呢。

一

上服曰衣，下服曰裳；

衣前曰襟，衣后曰裾。

——《幼学琼林》

📘 学与习

上身的服装叫做衣，下身的服装叫做裳。衣的前幅称做襟，后幅称做裾。

二

华服曰绮纨，敝衣曰蓝缕。

儿衣曰襁褓，童饰曰弁髦。

——《幼学琼林》

📘 学与习

华丽的衣服大都由绮罗纨素所做成的，所以华服称为绮纨。蓝缕，也写作"褴褛"（lán lǚ），褴指没有边饰的衣服，褛指衣服裂开，所以指破烂衣服。襁褓是婴儿的服装，弁髦是孩童的头饰。

一首写烟波浩渺的洞庭湖，一首写农家小院，都很有趣味。

临洞庭上张丞相

〔唐〕孟浩然

八月湖水平，涵虚混太清。

气蒸云梦泽，波撼岳阳城。

欲济无舟楫，端居耻圣明。

坐观垂钓者，徒有羡鱼情。

过故人庄

〔唐〕孟浩然

故人具鸡黍，邀我至田家。

绿树村边合，青山郭外斜。

开轩面场圃，把酒话桑麻。

待到重阳日，还来就菊花。

学与习

八月的洞庭湖，水势浩渺无边，水天迷蒙。云梦泽水气蒸腾，波涛汹涌，似乎要把岳阳城撼动。

翠绿的树木环绕着小村子，村子四周青山横斜。打开窗子，面对的是打谷场和菜园。

可以查查洞庭湖的资料哦！

为知己死

战国时，晋国的智伯对自己属下的家臣很好。后来，智伯在斗争中被另一大家族的首领赵襄子杀死。智伯的家臣中有一位名叫豫让，决心要为主公复仇，但几次刺杀赵襄子都失败了。最后一次失败被抓后，赵襄子问他："你之前也曾侍奉过别的主公，却不见你对他们这般忠心，为什么偏偏对智伯这样好呢？"豫让回答说："从前那些主公只当我是一般的门客，我也就以一般的态度对他们；智伯却那样器重我，待我如国士，我也要像国士那样来报答他。国士要为知己者而死。"赵襄子被他的忠心感动，脱下官袍给他。豫让象征性地刺过官袍后，说道："我终于为主公报仇了！"从容自刎而死。

"士为知己者死"体现了对器重自己的君主、领导的忠诚。这种忠诚不是盲目愚忠，而是建立在相互尊重的基础之上的。

第 五 课

　　火字旁或火字底的字,意义大多和火的特性或使用有关。火字做形旁并且在字的下部时,也写成"灬"。

炬

　　每届奥林匹克运动会召开前,都会举行奥运火炬传递仪式。火炬其实就是一种能握在手里的火把。古人将芦苇杆扎成一把,点燃后就能握在手里。"炬"的形旁是"火",声旁是"巨"。

 "烫"的形旁是"火",声旁是"汤"。热水可以给东西加温,但如果不小心碰到皮肤会使人感觉很痛,所以"烫"表示被火或热水灼痛的感觉。

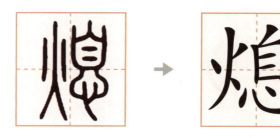

 "熄火"的"熄"是形声字,形旁是"火",声旁是"息"。"息"有平息、停息的意思,加上火字旁,就表示火焰燃烧的势头平息了,可见"熄"的声旁也有表义的作用。

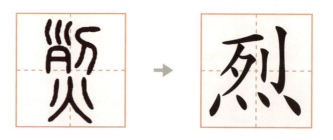

 "猛烈"的"烈"是形声字,形旁是"灬",是"火"的变形,声旁是"列","烈"表示火大、火势猛。人们也用这个字形容一些强烈、猛烈的事物,例如"烈日"。

有些带有身体器官的词，可以形象地表达意思。

一

受人牵制曰掣肘，不知羞愧曰厚颜，
共话衷曲曰谈心，擅生是非曰鼓舌。

——《幼学琼林》

学与习

"掣"的意思是牵拉。掣肘就是被人拉着胳膊，比喻受人牵制。不知羞耻的人，仿佛脸皮很厚，所以称为厚颜。二人共叙衷肠，把各自的心事毫无掩饰地倾诉出来，就叫做谈心。用口舌煽动游说，搬弄是非，称为鼓舌。

二

歇担谓之息肩，不服谓之强项。

——《幼学琼林》

学与习

放下担子让肩膀休息叫做息肩；倔强不肯低头服从叫做强项。

古代交通不便，朋友之间相聚与别离都是大事。

淮上喜会梁川故人

〔唐〕韦应物

江汉曾为客，相逢每醉还。

浮云一别后，流水十年间。

欢笑情如旧，萧疏鬓已斑。

何因北归去，淮上对秋山。

赋得暮雨送李胄

〔唐〕韦应物

楚江微雨里，建业暮钟时。

漠漠帆来重，冥冥鸟去迟。

海门深不见，浦树远含滋。

相送情无限，沾襟比散丝。

学与习

时光如流水，不觉已十年。今日相逢，友情依旧，欢笑依然，只是双鬓已经斑白。

长江流入海门，深远不见，江边树木郁郁葱葱。送别老朋友，我情深无限，泪水像江面的雨丝，沾湿了我的衣襟。

程门立雪

北宋时期有个叫杨时的进士，他特别好学，到处寻师访友，曾就学于洛阳著名学者程颢门下。程颢去世后，杨时在程颢弟弟程颐所建的伊川书院中继续求学。

有一天，杨时与他的学友游酢（zuò）一起去老师家请教。时值隆冬，天寒地冻，朔风凛凛，大雪纷纷。他们把衣服裹得紧紧的，匆匆赶路。来到程颐家时，适逢先生坐在炉旁打坐养神。杨时二人不敢惊动老师，就恭恭敬敬地侍立在一旁，等候先生醒来。

程颐像

过了良久，程颐才睁开眼睛，见杨时、游酢还恭敬地站着，就说："你们还在呀，天不早了，回去吧。"两人拜别老师，出门一看，地上的积雪已有一尺多厚了。

后来，杨时学得程门理学的真谛，东南学者推杨时为"程学正宗"，世称"龟山先生"。此后，"程门立雪"的故事就成为尊师重道的千古美谈。

第 六 课

100万年前，原始人主要使用石制工具，而人类学会冶炼金属的历史只有不到一万年。最早被人类发现并使用的金属有金、银、铜等。"金"字原本是所有金属的通称，后来特指黄金。金字旁（钅）的字大多和金属有关。

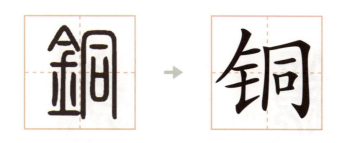

我们中国人使用铜的历史年代久远。大约在六七千年以前，我们的祖先就发现并开始使用铜。后来古人发明了青铜合金，使中国历史进入了青铜时代。"铜"的形旁是"钅"，声旁是"同"。

金属器具在长时间接触空气和水之后会慢慢出现斑驳的锈迹。不同的金属，锈迹的颜色也不同哩。例如铜锈是黄绿色，铁锈是黄黑色。"锈"的形旁是"钅"，声旁是"秀"。

31

　　　钓鱼的时候鱼线的末端要装上一个小小的鱼钩，这样鱼吞了鱼饵之后才能被钓起来。"钩"的形旁是"钅"，声旁是"勾"，"勾"的意思是弯曲，强调钩子是一种弯曲的金属制品。

　　　今天的镜子都是用玻璃做的，但古代没有玻璃，镜子都是用金属做的，最常见的是以铜或铁铸造，也有用玉磨成的，形状大多是盘形。"镜"的形旁是"钅"，声旁是"竟"。

家训是古人在立身处世为学等方面对子孙的教诲，在古代有悠久的传统。《颜氏家训》是家训中很有代表性的一种，它的作者是南北朝时期的颜之推。

一

名之与实，犹形之与影也。

——颜之推《颜氏家训·名实》

学与习

一个人的名声与德行，就像身形与影子一样。想要身影曼妙，自然要锻炼身形，想要名声美好，受人称赞，自然要修养好自己的品行。

二

德艺周厚，则名必善焉；
容色姝丽，则影必美焉。

——颜之推《颜氏家训·名实》

学与习

德行才艺完备深厚的人，名声自然是好的；容貌美丽的人，在镜中的影像自然也是美的。外在的容貌固然有许多方法可以修饰打扮，但一个人的德行品质恐怕很难通过掩饰来换取大家的交口称赞吧？

《月夜》写的是思念妻子，《月夜忆舍弟》写的是想念兄弟。

月 夜

〔唐〕杜甫

今夜鄜州月，闺中只独看。

遥怜小儿女，未解忆长安。

香雾云鬟湿，清辉玉臂寒。

何时倚虚幌，双照泪痕干。

月夜忆舍弟

〔唐〕杜甫

戍鼓断人行，边秋一雁声。

露从今夜白，月是故乡明。

有弟皆分散，无家问死生。

寄书长不达，况乃未休兵。

学与习

　　诗人怀念妻子，却不直接说出来，而是想象妻子在思念自己。这样的思念之情是不是更深刻呢？

　　诗人想念兄弟，用月夜和白露节气来衬托，把深深的思念表达到极致。

青出于蓝

南北朝的时候，有一位年轻人叫李谧（mì），他为了求学，拜孔璠（fán）为自己的老师。孔璠是当时学问渊博的名师。在孔璠门下，李谧勤学好问，非常刻苦，学问日益精进，最后竟然超过了自己的老师。到后来孔璠反而要向李谧请教。

李谧的同学们，看到这种情形觉得十分有意思，就做了一首歌："青成蓝，蓝谢青，师何常，在明经。"青代表学生，蓝代表老师，意思是说，学生成了老师，老师请教学生，究竟谁是老师，本来就没有一定，只看谁更有学问。

青出于蓝，本是《荀子》中的一句话。青这种颜色，是从蓝草里提炼出来的，但颜色比蓝更深。所以用来比喻学生超过了老师。古人虽然尊师重道，但也认为学生可以大胆追求真理，勇于挑战老师，而老师也为学生能够质疑、超越自己感到高兴。

第 七 课

　　"玉"（丰）是个象形字，像一串玉璧的样子。后来人们加了一个点来和"王"字区别。玉是坚硬、温润、有光泽、略透明的美石，可以被雕琢成多种器物或装饰品。中国自古以来就是个爱玉的国家，认为玉是美德的象征，所以古代的君子都是玉不离身的。玉字旁的字大多与玉石或玉器有关，当它做左偏旁时写成"王"。

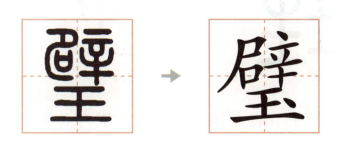

　　"璧"是古代最主要的玉器之一，是一种中央有穿孔的扁圆形玉器。人们常把玉璧当作礼物或者装饰品。璧的形旁是"玉"，声旁是"辟"（bì）。

37

📢 "珍珠"是蚌体内形成的一种有光泽的小圆粒,通常为乳白色,可以用来做装饰品,也可以磨成粉末做药。天然珍珠的颜色和洁白的玉石相似,所以古人把它也当作宝石的一种。所以"珠"的形旁是"玉",声旁是"朱"。后来人们用"珠"来表示形状像珍珠一样的物体,例如"眼珠""露珠"。

📢 玉石要经过工匠的雕琢打磨才能成为玉器工艺品,"理"的意思就是加工雕琢玉石,它的形旁是"玉",声旁是"里"。后来人们将使一样事物变得整齐、有条理的动作也用"理"表示,如"整理""治理"。

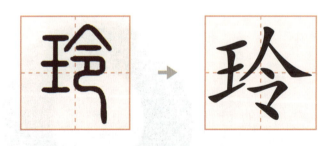

📢 由于玉石的特殊质地,两块玉互相敲击时会发出清脆的声音。"玲"的意思就是玉碰撞后发出的声音,它的形旁是"玉",声旁是"令"。

不同的人对待名声的态度是不一样的。

一

上士忘名，中士立名，下士窃名。

——颜之推《颜氏家训·名实》

学与习

品德上等的人不会在意名声，品德中等的人努力树立名声，品德下等的人会窃取名声。我们从对待名声的态度，可以检验一个人的品德修养到达了哪种层次呢。

二

忘名者，体道合德，享鬼神之福祐，非所以求名也。

——颜之推《颜氏家训·名实》

学与习

不在意名声的人，他们能真正地领悟大道，言行符合道德，享受到鬼神的保佑，不刻意追求名声，最后反而获得了名声。这是说不要刻意去求名，而首先要修养自身的德行。德行好，名声自然就好了。

这两首诗是杜甫晚年的作品，写尽了人生的艰辛悲苦和时局的动荡不安。

旅夜书怀

〔唐〕杜甫

细草微风岸，危樯独夜舟。

星垂平野阔，月涌大江流。

名岂文章著，官应老病休。

飘飘何所似，天地一沙鸥。

登岳阳楼

〔唐〕杜甫

昔闻洞庭水，今上岳阳楼。

吴楚东南坼，乾坤日夜浮。

亲朋无一字，老病有孤舟。

戎马关山北，凭轩涕泗流。

学与习

　　杜甫说，我难道是因为文章而著名，年老多病也应该休官了。自己到处漂泊像什么呢？就像天地间的一只孤零零的沙鸥。诗句中表现的是杜甫壮志难酬的悲愤与年老体衰的无奈。

　　他又说，大湖浩瀚像把吴楚东南隔开，天地像日夜在湖面荡漾漂浮。收不到亲朋故友的消息，年老体弱的自己就如同湖面的一叶孤舟。战争仍未止息，凭窗遥望，涕泪交流。

相敬如宾

春秋时，有位叫郤（xì）缺的年轻人。他的父亲本是高官，因为犯了罪被杀，郤缺也被废为平民，务农为生。郤缺没有因为这巨大的落差而怨天尤人，而是一面勤恳地劳动，一面用功学习。

一天，郤缺在田间除草，妻子来给他送饭。妻子像是招待客人一样，十分恭敬地用双手把饭盒递给丈夫。郤缺连忙接过，也像对宾客一样，向妻子频致谢意。

这时晋国大夫胥臣正好路过，看了很受触动，主动上去攀谈，发现郤缺有治国之才，于是极力举荐他担任大夫，从此改变了他的命运。

夫妻间互相尊重，讲究礼节，必须是发自爱对方的真心，才令人动容。

第 八 课

识文断字

"犬"的古字形（ 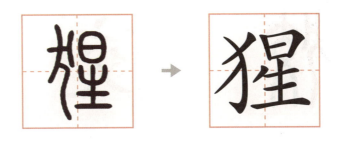 ）像一只翘着尾巴的狗，"犬"字做偏旁时常写作"犭"，犬字旁的字，意义大多都和动物有关，不一定只和犬有关。

猩 → 猩

猩猩是与人类最接近的动物，智商很高。不过，如今猩猩已经数量很少了。"猩"的形旁是"犭"，声旁是"星"。

43

📢 "狼"是个形声字,形旁是"犭",声旁是"艮"。古人造字,把一些意思不好的字放在犬部,表示跟动物、野兽一样。人应该和气待人,如果对人凶狠,那就如同野兽了。

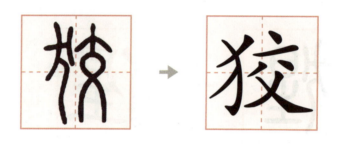

📢 动物和人或动物之间相互搏斗也会运用智慧,人们觉得诡计多的动物是很"狡猾的"。"狡"的形旁是"犭",声旁是"交"。如果我们说一个人是"狡猾的",往往是在批评他。

📢 食肉动物大多非常健壮、凶猛,这样才能更有机会获得食物、繁衍后代。"猛"的形旁是"犭",声旁是"孟"。我们要形容一个战士很勇敢,可以用"勇猛";要形容风、火、水等东西来得很强烈,可以用"猛烈"。

好名声要靠自己做出来。

一

立名者，修身慎行，惧荣观之不显，非所以让名也。

——颜之推《颜氏家训·名实》

学与习

想要树立美好名声的人，修养身心，谨慎行事。害怕荣誉不能显扬，那不是谦让名声的做法。虽然"立名"在境界层次上不如"忘名"，但却是人人努力之后都可以达到的境界，修身慎行之后获得大家的称赞，谁说不是一种快乐呢？

二

窃名者，厚貌深奸，干浮华之虚称，非所以得名也。

——颜之推《颜氏家训·名实》

学与习

"干"是求取的意思。虚称指的是虚名。窃取名声的人，看似忠厚但深藏奸伪，谋求表面的虚名，是不会获得好名声的。

《喜外弟卢纶见宿》是作者因表弟卢纶到家拜访有感而作。《云阳馆与韩绅宿别》写的是友人离别多年偶然相会又分别时的心情变化。

喜外弟卢纶见宿

〔唐〕司空曙

静夜四无邻，荒居旧业贫。

雨中黄叶树，灯下白头人。

以我独沉久，愧君相见频。

平生自有分，况是蔡家亲。

云阳馆与韩绅宿别

〔唐〕司空曙

故人江海别，几度隔山川。

乍见翻疑梦，相悲各问年。

孤灯寒照雨，深竹暗浮烟。

更有明朝恨，离杯惜共传。

学与习

卢纶来探望诗人，诗人说，我这样长久地孤独沉沦，辜负你频繁地来慰问。我们是诗友，生来就有缘分，更何况你我两家还是表亲。

诗人与老友久别重逢，竟以为在梦中，可明天又要分别，两人在灯下饮着离别的酒，恋恋不舍。诗人说，明朝更有一种离愁别恨，难得今夜聚会，举杯痛饮吧。

卿卿我我

"卿卿我我"是和"相敬如宾"截然不同的另一种夫妻相处方式。

"卿"的本义是宾主面对面一起坐着吃饭，后来引申用来指古代的一种高级官员，比如汉代有所谓"三公九卿"，后来君主称呼自己亲敬的大臣为"爱卿"，丈夫也称妻子为"卿"，比如乐府诗《孔雀东南飞》里焦仲卿对妻子刘兰芝说："我自不驱卿，逼迫有阿母。"平辈好友之间也可以称对方为"卿"。

到了魏晋时期，有一个大名士叫王戎，他的妻子常常反过来称丈夫为"卿"，这是不符合当时的礼法规定的。王戎对妻子说："女子称自己的丈夫为'卿'，是不合礼法的，以后不要这样叫吧。"妻子回答说："亲卿爱卿，是以卿卿，我不卿卿，谁当卿卿？"意思是，就是因为我亲你爱你，才这么叫你，如果我不能叫你"卿卿"，谁应该叫你"卿卿"呢。王戎无话可说，只好任她这样称呼。

夫妻之间是卿卿我我还是相敬如宾，本无一定之规。只要两人同心，感情可以有各种不同形式的表达。

第 九 课

　　"马"的古字形(𢒉)上半部的三横像马脖子上的鬣(liè)毛，下半部像四条腿，还甩着尾巴。在古代，马是人类重要的交通工具和生活伙伴。

　　我国古人对马特别热爱，他们用不同的字来命名不同毛色和年龄的马。"驹"的形旁是"马"，声旁是"句"，最早是指两岁的小马，后来凡是小马都可以称为驹。

　　我们中国人养马的历史很悠久，考古学家发现，在距今五六千年的新石器时代，就出现了最早的骑马者。"骑"的形旁是"马"，声旁是"奇"。

📢 "驾车"的"驾"是形声字，它的形旁是"马"，声旁是"加"。"驾"表示操控马奔跑、拉车，后来还可以表示"驾车"。

📢 "骄"是个形声字，形旁是"马"，声旁是"乔"。"骄"的本义是高大的马，后来人们用"骄"来形容那些有点本事但傲慢自大、不谦虚的人。

开蒙启智

爱惜自己的名誉是做人的底线。

一

吾见世人，清名登而金贝入，信誉显而然诺亏，不知后之矛戟，毁前之干橹也。

——颜之推《颜氏家训·名实》

　　"金贝"就是金钱，"矛戟"是古代刺杀用的兵器，"干橹"指的是盾牌。这段话的意思是：我见世上的人收获好名声之后就谋求金钱，信誉显扬之后就轻视诺言，他们这样做，就如同用后来的矛戟刺穿了此前的盾牌一样。维持美好的名声需要终身洁身自好，修养德行，绝非一时之功。

二

　　人之虚实真伪在乎心，无不见乎迹，但察之未熟耳。一为察之所鉴，巧伪不如拙诚，承之以羞大矣。

——颜之推《颜氏家训·名实》

　　"熟"的意思是仔细。人的真诚虚伪都存在于内心，显现于日常行为中，如果看不出来，只是因为观察还不够仔细罢了。一旦被人看破，就要承受更大的羞辱了，所以，无论多么精致的虚伪都比不上朴素的真诚能打动人心。

《赋得古原草送别》是白居易的成名作。《赠内子》是白居易写给妻子的诗。

赋得古原草送别

〔唐〕白居易

离离原上草，一岁一枯荣。
野火烧不尽，春风吹又生。
远芳侵古道，晴翠接荒城。
又送王孙去，萋萋满别情。

赠内子

〔唐〕白居易

白发长兴叹，青娥亦伴愁。

寒衣补灯下，小女戏床头。

暗澹屏帏故，凄凉枕席秋。

贫中有等级，犹胜嫁黔娄。

学与习

《赋得古原草送别》通过对古原上野草的描绘，抒发送别友人时的依依惜别之情。当然，也可以从中读出诗人对野草生命力的赞美。

写《赠内子》时，诗人被贬了官，生活拮据（jié jū）。他写诗劝妻子要想到还有更苦的人。

高山流水

战国时，伯牙是一位有名的琴师，琴术很高明，但他总觉得，自己的琴声并不真正被人理解。一次伯牙在郊外抚琴，遇到了真正懂得音乐的钟子期。

伯牙弹琴志在高山时，钟子期就高兴地说："真好啊！巍峨（wēi é）雄伟，仿佛泰山！"志在流水时，钟子期又说："真好啊！汪洋浩渺，好像江海！"伯牙每次想表达什么，钟子期都能从琴声中领会到伯牙所想。伯牙感到从未有过的被人理解的快乐，两人从此结为最好的朋友。

据说钟子期死后，伯牙再也不弹琴了，因为他觉得世上再也没有知音了。

"高山流水"讲的是友谊和理解，朋友之交，贵在知心。

第 十 课

"鸟（㠯）"是个象形字，像一只面朝左站立着的鸟的样子，有尖嘴、翅膀、脚爪和尾巴。鸟字旁的字，大多与鸟雀有关。

鸦

鸦是一种在全世界都有分布的鸟类，中国大多数的鸦浑身羽毛都是黑色的，俗称为"乌鸦"，也有一些灰色或白色的鸦。"鸦"是个形声字，形旁是"鸟"，声旁是"牙"。

55

 古人通过观察，发现鸳鸯这种鸟经常出双入对，在水面上相亲相爱，认为鸳鸯一旦结为配偶，便终生相伴，即使一方不幸死亡，另一方也不再寻觅新的配偶，而是孤独凄凉地度过余生。于是人们将鸳鸯比作夫妻，象征着美好、永恒的爱情。"鸯"的形旁是"鸟"，声旁是"央"。

 鹅是一种鸭科动物，个头比鸭子大，有很长且弯曲的脖子。据记载，中国人远在四千年前就已饲养鹅。"鹅"的形旁是"鸟"，声旁是"我"。

 鹏是古代神话中的一种大鸟，传说是由一种叫鲲的鱼变化而成，也有人认为鹏就是凤凰。"鹏"的形旁是"鸟"，声旁是"朋"。传说中，鹏能一下子飞上九万里，人们因此用来比喻一个人前程远大，如"鹏程万里"。

谦虚竟然能帮助我们躲避灾祸，同学们没有想到吧。

一

天地鬼神之道，皆恶满盈。

——颜之推《颜氏家训·止足》

学与习

凡事都应有限度，超过边界就会带来祸患，所谓的"过犹不及"正是自然的规律和宇宙的法则，人类也应该遵守。

二

谦虚冲损，可以免害。

——颜之推《颜氏家训·止足》

学与习

"冲损"的意思是淡泊。谦虚淡泊，可以免除祸害。这句话强调了谦虚带给人的巨大益处。

《早秋》描绘了初秋景色。《秋日赴阙题潼关驿楼》是一幅秋日行旅图，也含蓄地表白了自己的志趣。

早 秋

〔唐〕许浑

遥夜泛清瑟，西风生翠萝。

残萤栖玉露，早雁拂金河。

高树晓还密，远山晴更多。

淮南一叶下，自觉洞庭波。

秋日赴阙题潼关驿楼

〔唐〕许浑

红叶晚萧萧，长亭酒一瓢。

残云归太华，疏雨过中条。

树色随山迥，河声入海遥。

帝乡明日到，犹自梦渔樵。

在《早秋》描绘的秋景中，我们可以看到高低远近的不同景致，落笔细致而层次井然。

诗人在《秋日赴阙题潼关驿楼》中先写了深秋的晚风迎面吹来，红叶在风中萧萧作响。望见残云缭绕的华山，路过细雨稀疏的中条山。苍翠的树色随着关山伸向远方，涛声滚滚的黄河流向遥远的大海。最后诗人说，明天我就要抵达长安了，可我现在仍然向往渔夫樵夫们那种闲适逍遥的生活。

博闻广识

割席断义

魏晋时，管宁和华歆本是好友，后来两人却分道扬镳（biāo），断绝了关系，这是为什么呢？

原来，这是由几件事所导致的。有一次，他们一起在菜园中锄地，见到地里有一块金子，管宁把它当作砖头瓦砾一样，照旧埋头锄地，不予理会；华歆却把金子拾起来，然后扔到一边。又有一次，二人坐在同一张席子上读书，正好有达官贵人从门外经过，排场很大。管宁依旧读书，不受影响；华歆却把书抛在一边，出去看热闹。华歆回来之后，管宁便把席子割为两半，跟华歆分开坐，说："你不再是我的朋友了。"

朋友的关系和父子、夫妻不同。没有血缘的联结，友谊会因为志同道合、心心相印而产生，也可以因为志向不同，感情生变而断绝。

第十课